AF194198

Impressum
Verlag: BABADADA GmbH, Nedderfeld 112 , 22529 Hamburg
Geschäftsführer / Verlagsleitung: Harald Hof
Druck: Books on Demand GmbH, In de Tarpen 42, 22848 Norderstedt

Imprint
Publisher: BABADADA GmbH, Nedderfeld 112 , 22529 Hamburg, Germany
Managing Director / Publishing direction: Harald Hof
Print: Books on Demand GmbH, In de Tarpen 42, 22848 Norderstedt

el colegio
məktəb

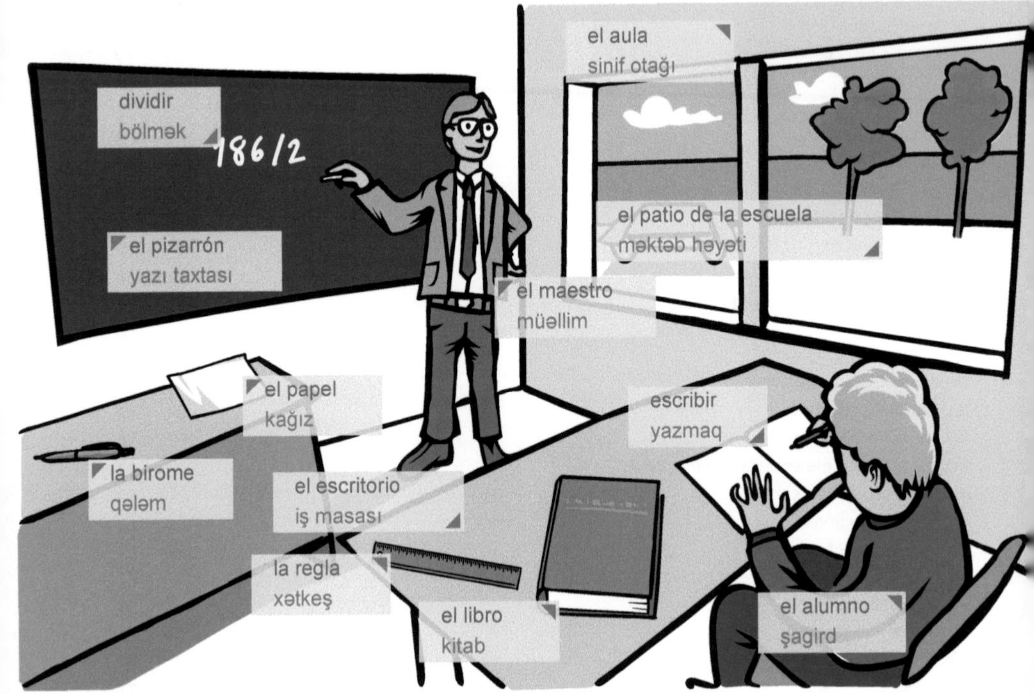

el aula
sinif otağı
dividir
bölmək
186/2
el pizarrón
yazı taxtası
el patio de la escuela
məktəb həyəti
el maestro
müəllim
el papel
kağız
escribir
yazmaq
la birome
qələm
el escritorio
iş masası
la regla
xətkeş
el libro
kitab
el alumno
şagird

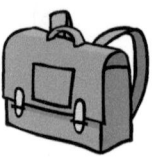

la mochila
məktəbli çantası

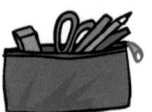

la caja de lápices
karandaş qabı

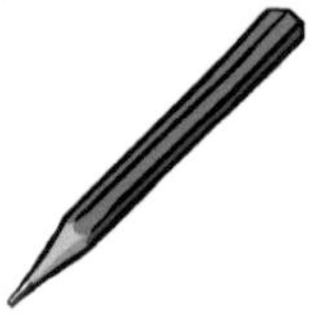

el lápiz
karandaş

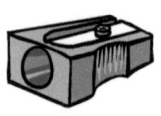

el sacapuntas
karandaş yonan

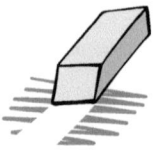

la goma (de borrar)
pozan

el bloc de dibujo
rəsm albomu

el dibujo
rəsm

el pincel
boya fırçası

la caja de pinturas
boya qutusu

la tijera
qayçı

el pegamento
yapışdırıcı

el cuaderno de ejercicios
dəftər

la tarea
ev tapşırığı

el número
say

sumar
əlavə etmək

restar
çıxmaq

multiplicar
vurmaq

calcular
hesablamaq

la letra
hərf

ABCDEFG
HIJKLMN
OPQRSTU
VWXYZ

el abecedario
əlifba

la palabra
söz

el texto

mətn

leer

oxumaq

la tiza

tabaşir

la lección

dərs

el cuaderno de clase

sinif jurnalı

el examen

imtahan

el certificado

təhsil haqqında sənəd

el uniforme escolar

məktəb uniforması

la educación

təhsil

la enciclopedia

ensiklopediya

la universidad

universitet

el microscopio

mikroskop

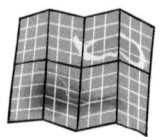

el mapa

xəritə

el tacho (de basura)

zibil qutusu

el viaje
səyahət

el hotel
mehmanxana
Grand
el hostel
yataqxana
ROOMS
a casa de cambio
valyuta mübadiləsi məntəqəsi
EXCHANGE
la valija
çamadan
el auto
avtomobil

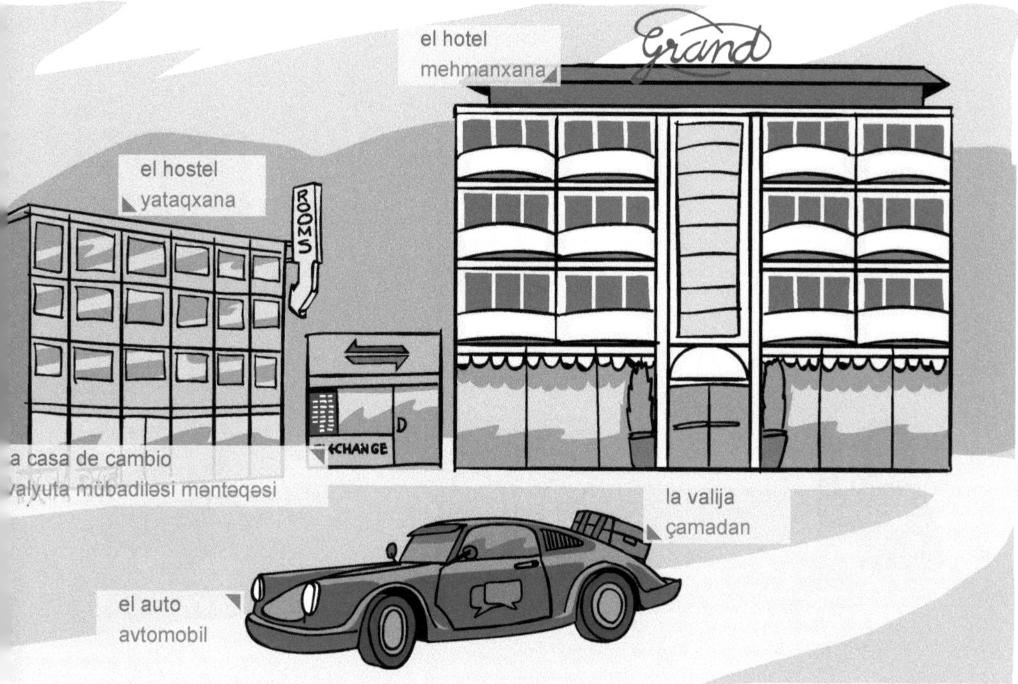

el idioma

dil

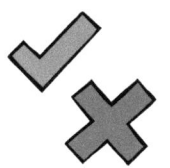

sí / no

bəli/xeyr

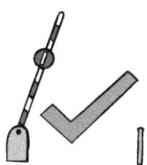

Está bien

oldu

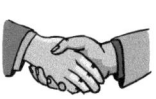

hola

salam

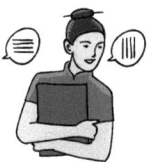

el traductor

tərcüməçi

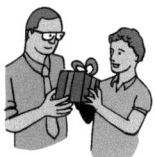

Gracias

Təşəkkür edirəm

¿cuánto cuesta…?

giyməti nə qədərdir …?

No entiendo

mən başa düşmürəm

el problema

problem

¡Buenas tardes!

Axşamınız xeyir!

¡Buenos días!

Sabahınız xeyir!

¡Buenas noches!

Gecəniz xeyrə galsin!

el adiós

hələlik

la dirección

istiqamət

el equipaje

baqaj

el bolso

torba

la mochila

kürək çantası

el invitado

qonaq

la habitación

otaq

la bolsa de dormir

yataq-çuval

la carpa

çadır

la información turística

turistlər üçün məlumat

la playa

çimərlik

la tarjeta de crédito

kredit kartı

el desayuno

səhər yeməyi

el almuerzo

günorta yeməyi

la cena

nahar yeməyi

el pasaje

bilet

el ascensor

lift

el sello

poçt markası

la frontera

sərhəd

la aduana

gömrük

la embajada

səfirlik

la visa

viza

el pasaporte

pasport

el viaje - səyahət

el transporte
nəqliyyat

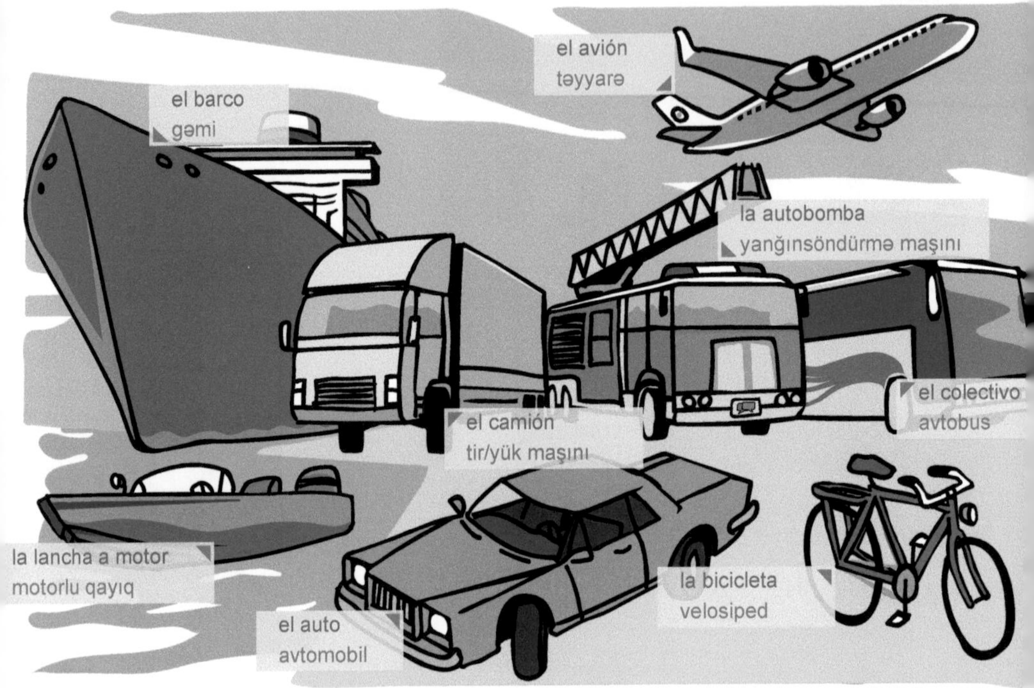

el avión
təyyarə
el barco
gəmi
la autobomba
yanğınsöndürmə maşını
el colectivo
avtobus
el camión
tir/yük maşını
la lancha a motor
motorlu qayıq
la bicicleta
velosiped
el auto
avtomobil

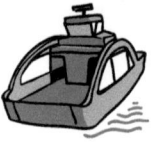

el ferry

bərə

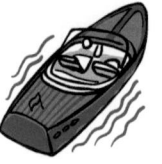

el bote

qayıq

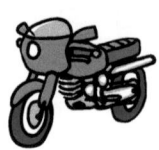

la moto

motosiklet

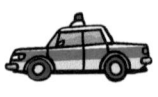

el patrullero

polis avtomobili

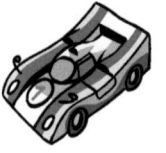

el auto de carreras

yarış avtomobili

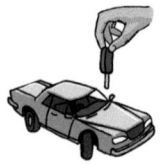

el auto de alquiler

icarə avtomobili

el alquiler de autos

avtomobil icarəsi

la grúa

texniki yardım maşını

el camión de la basura

zibil maşını

el motor

mühərrik

la nafta

yanacaq

la estación de servicio

benzin doldurma məntəqəsi

la señal de tránsito

yol nişanı

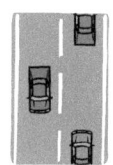

el tránsito

yol hərəkəti

el embotellamiento

tıxac

el estacionamiento

avtomobil dayanacağı

la estación de tren

dəmir yolu stansiyası

las vías

dəmiryol

el tren

qatar

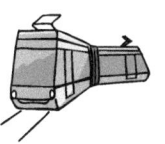

el tranvía

tramvay

el vagón

vaqon

el helicóptero

helikopter

el aeropuerto

hava limanı

la torre

qüllə

el pasajero

sərnişin

el contenedor

konteyner

la caja de cartón

karton qutu

la carretilla

əl arabası

la canasta

səbət

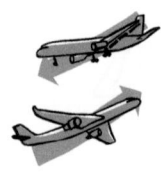

despegar / aterrizar

qalxmaq / enmək

la ciudad

şəhər

el pueblo

kənd

el centro de la ciudad

şəhər mərkəzi

la casa

ev

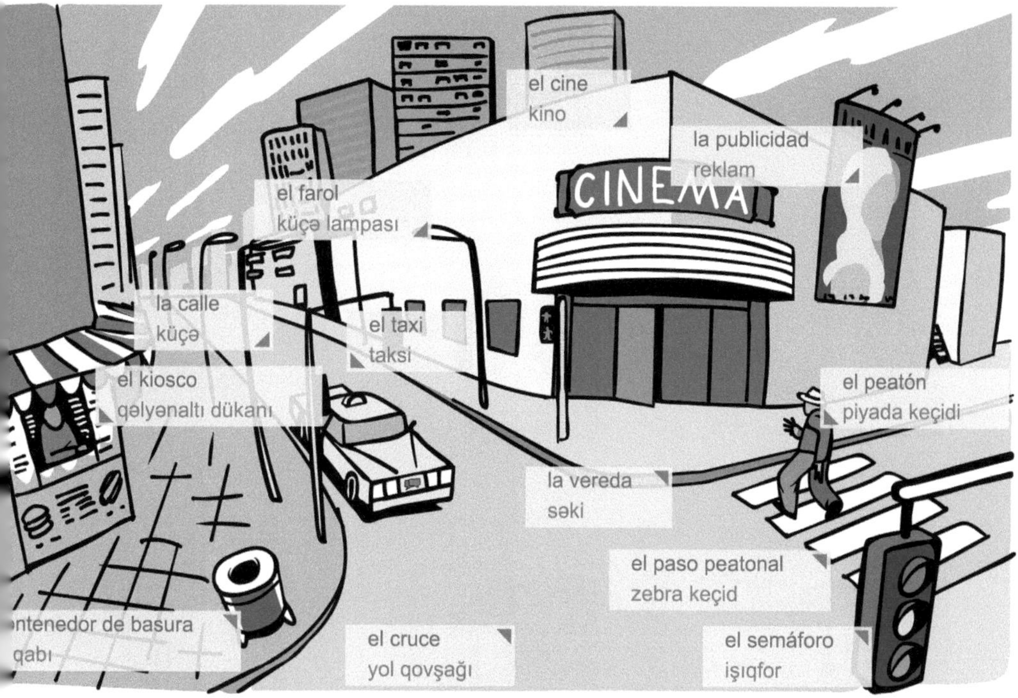
el cine
kino
la publicidad
reklam
CINEMA
el farol
küçə lampası
la calle
küçə
el taxi
taksi
el kiosco
qəlyənaltı dükanı
el peatón
piyada keçidi
la vereda
səki
el paso peatonal
zebra keçid
ntenedor de basura
qabı
el cruce
yol qovşağı
el semáforo
işıqfor

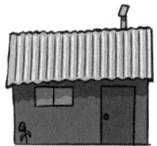

la cabaña

daxma

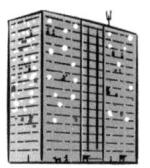

el departamento

mənzil

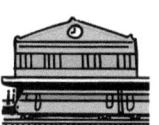

la estación de tren

dəmir yolu stansiyası

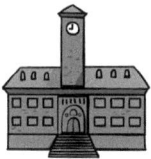

la municipalidad

bələdiyyə binası

MUSEUM

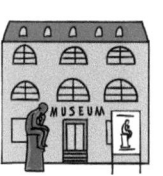

el museo

muzey

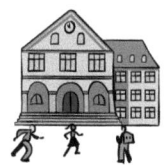

el colegio

məktəb

la universidad

universitet

el banco

bank

el hospital

xəstəxana

el hotel

mehmanxana

la farmacia

aptek

la oficina

ofis

la librería

kitab dükkanı

el negocio

dükan

la florería

çiçək dükanı

el supermercado

supermarket

el mercado

bazar

las grandes tiendas

univermaq

la pescadería

balıq satıcısı

el centro comercial

ticarət mərkəzi

el puerto

liman

el parque

park

el banco

oturacaq

el puente

körpü

las escaleras

pilləkən

el subte

metro

el túnel

tunel

la parada del colectivo

avtobus dayanacağı

el bar

bar

el restaurante

restoran

el buzón

poçt qutusu

el letrero

küçə nişanı

el parquímetro

parkinq sayğacı

el zoológico

zoopark

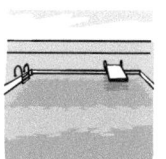

la pileta

üzgüçülük hovuzu

la mezquita

məscid

la granja
ferma

la contaminación
ətraf mühitin çirklənməsi

el cementerio
məzarlıq

la iglesia
kilsə

los juegos infantiles
oyun meydançası

el templo
məbəd

el paisaje

mənzərə

la hoja
yarpaq

el poste indicador
yol nişanı

el camino
yol

la pradera
çəmən

la piedra
daş

el árbol
ağac

el excursionista
piyada səyyah

el río
çay

la hierba
ot

la flor
gül

el valle
vadi

la montaña
təpə

el lago
göl

el bosque
meşə

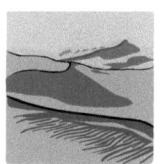

el desierto
səhra

el volcán
vulkan

el castillo
qəsr

el arco iris
göy qurşağı

el champiñón
göbələk

la palmera
palma

el mosquito
ağcaqanad

la mosca
milçək

la hormiga
qarışqa

la abeja
arı

la araña
hörümçək

el paisaje - mənzərə

15

el escarabajo

böcək

la rana

qurbağa

la ardilla

dələ

el erizo

kirpi

la liebre

dovşan

la lechuza

bayquş

el pájaro

quş

el cisne

qu quşu

el jabalí

qaban

el ciervo

maral

el alce

sığın

la presa

su bəndi

el aerogenerador

külək turbini

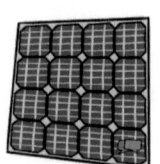

el panel solar

günəş batareyası

el clima

iqlim

el restaurante
restoran

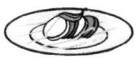

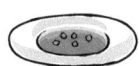

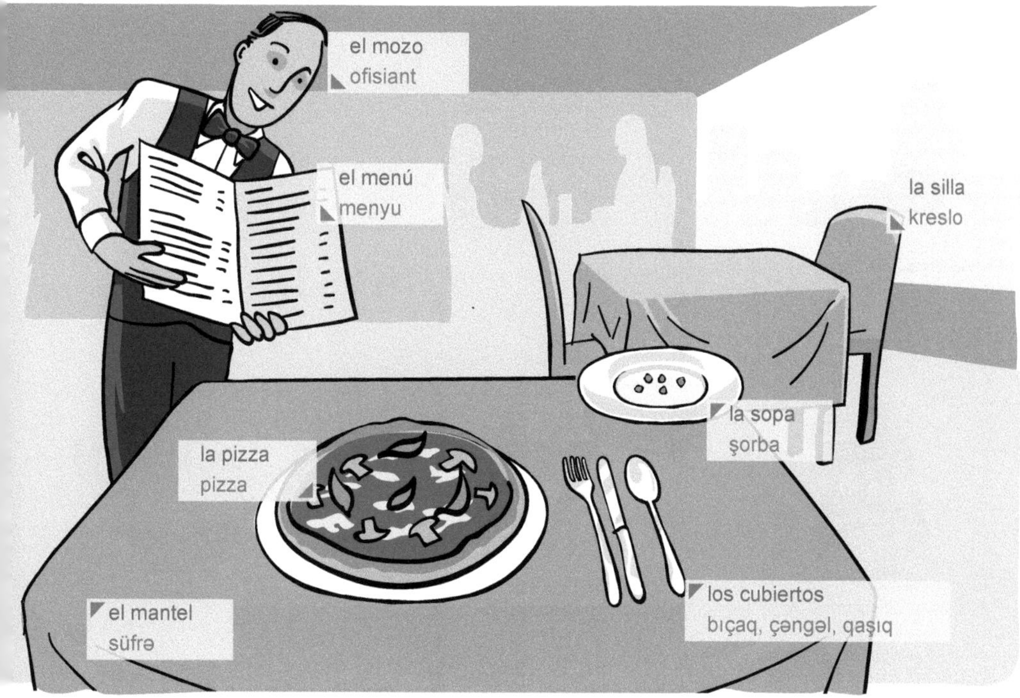
el mozo
ofisiant
el menú
menyu
la silla
kreslo
la sopa
şorba
la pizza
pizza
el mantel
süfrə
los cubiertos
bıçaq, çəngəl, qaşıq

la entrada
məzə

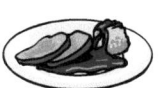

el plato principal
əsas yemək

el postre
desert

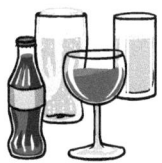

las bebidas
içkilər

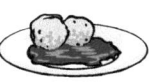

la comida
yemək

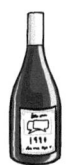

la botella
şüşə

la comida rápida

fast food

la comida callejera

küçə yeməkləri

la tetera

çaynik

la azucarera

qəndqabı

la porción

pay

la cafetera expreso

espresso maşını

la sillita alta

hündür uşaq kreslosu

la cuenta

faktura

la bandeja

nimçə

el cuchillo

bıçaq

el tenedor

çəngəl

la cuchara

qaşıq

la cucharita

çay qaşığı

la servilleta

salfet

el vaso

şüşə

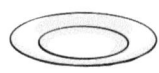

el plato

boşqab

el plato hondo

şorba boşqabı

el plato

nəlbəki

la salsa

sous

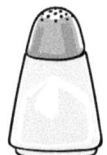

el salero

duz qabı

el molinillo de pimienta

bibərüyüdən

el vinagre

sirkə

el aceite

duru yağ

las especias

ədviyyat

el kétchup

ketçup

la mostaza

xardal

la mayonesa

mayonez

el supermercado
supermarket

la oferta especial
xüsusi təklif
FOR
el cliente
müştəri
los lácteos
süd məhsulları
la fruta
meyvə
el changuito
alış-veriş arabası

BUTCHERS

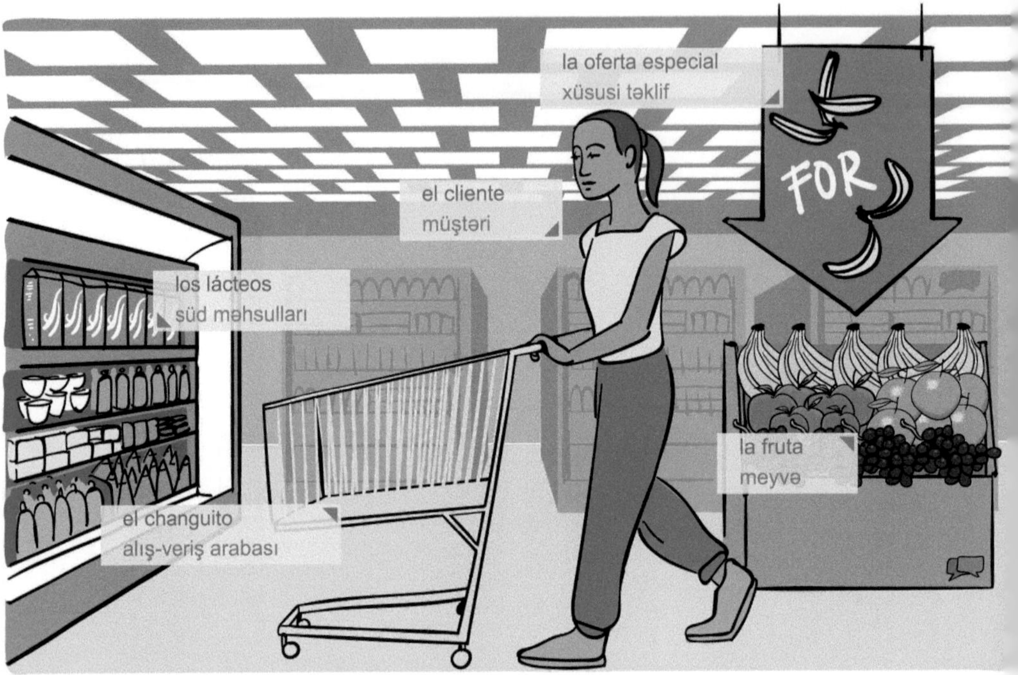

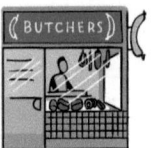

la carnicería

qəssab dükanı

BAKERY

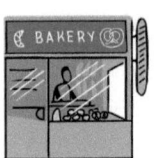

la panadería

çörəkçi

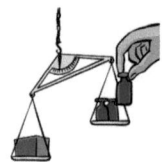

pesar

çəkmək

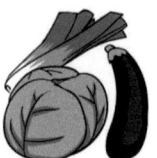

las verduras

tərəvəz

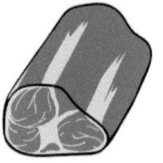

la carne

ət

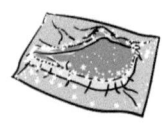

los alimentos congelados

dondurulmuş qida

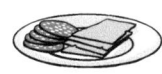

los fiambres

soyuq ət yeməyi

los alimentos enlatados

konservləşdirilmiş qida

el detergente en polvo

yuyucu toz

las golosinas

şirniyyat

los electrodomésticos

təsərrüfat malları

los productos de limpieza

yuyucu vasitələr

la vendedora

satıcı

la caja

kassa

el cajero

kassir

la lista de compras

alış-veriş siyahısı

el horario de atención

iş saatları

la billetera

pul kisəsi

la tarjeta de crédito

kredit kartı

la cartera

torba

la bolsa de plástico

plastik torba

el agua

su

el jugo

şirə

la leche

süd

la bebida cola

cola

el vino

şərab

la cerveza

pivə

el alcohol

alkoqollu içkilər

el cacao

kakao

el té

çay

el café

qəhvə

el café expreso

espresso

el cappuccino

kapuçino

la banana

banan

la manzana

alma

la naranja

portağal

el melón

yemiş

el limón

limon

la zanahoria

yerkökü

el ajo

sarımsaq

el bambú

bambuq

la cebolla

soğan

el champiñón

göbələk

las nueces

qoz-fındıq

los fideos

əriştə

los tallarines

spagetti

el arroz

düyü

la ensalada

salat

las papas fritas

cips

las papas fritas

qızardılmış kartof

la pizza

pizza

la hamburguesa

hamburger

el sándwich

sandviç

el churrasco

eskalop

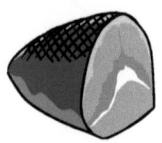

el jamón

hisə verilmiş donuz əti

el salame

salyami

la salchicha

kolbasa

el pollo

toyuq

el asado

qızardılmış ət tikəsi

el pescado

balıq

los copos de avena

yulaf yarması

el muesli

müsli

los copos de maíz

partlaq qarğıdalı

la harina

un

la medialuna

kruassan

el pancito

bulka

el pan

çörək

la tostada

tost

las galletitas

peçenye

la manteca

kərə yağı

la cuajada

kəsmik

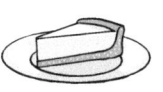

la torta

tort

el huevo

yumurta

el huevo frito

qayğanaq

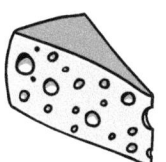

el queso

pendir

el helado

dondurma

el azúcar

şəkər

la miel

bal

la mermelada

mürəbbə

la pasta de chocolate

şokolad pastası

el curry

köri

la granja
ferma

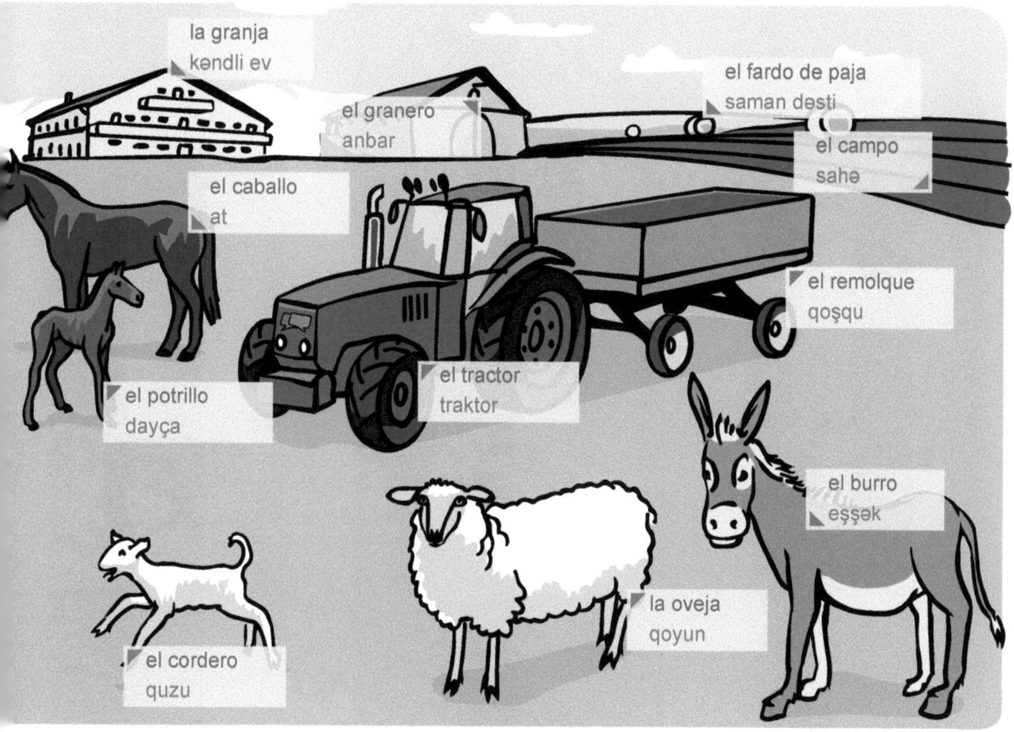

la granja
kəndli ev
el fardo de paja
saman dəsti
el granero
anbar
el campo
sahə
el caballo
at
el remolque
qoşqu
el potrillo
dayça
el tractor
traktor
el burro
eşşək
la oveja
qoyun
el cordero
quzu

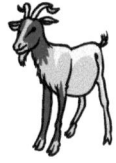

la cabra
keçi

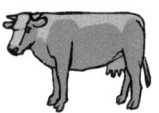

la vaca
inək

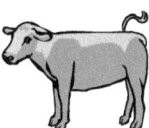

el ternero
dana

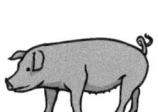

el cerdo
donuz

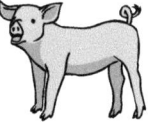

el lechón
donuz balası

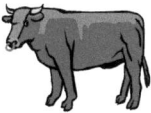

el toro
öküz

el ganso

qaz

el pato

ördək

el pollo

cücə

la gallina

toyuq

el gallo

xoruz

la rata

siçovul

el gato

pişik

el ratón

siçan

el buey

öküz

el perro

it

la cucha

itdamı

la manguera

bağ şlanqı

la regadera

susəpən

la guadaña

dəryaz

el arado

kotan

la hoz
oraq

la azada
kətman

la horquilla
yaba

el hacha
balta

la carretilla
əl arabası

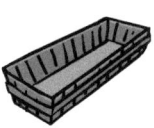

el abrevadero
çalov

la lechera
süd bidonu

la bolsa
çuval

la reja
çəpər

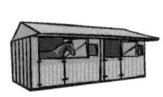

el establo
tövlə

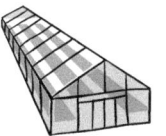

el invernadero
istixana

el suelo
torpaq

la semilla
toxum

el fertilizador
gübrə

la cosechadora
taxılbiçən kombayn

cosechar

məhsul yığmaq

la cosecha

məhsul yığımı

las batatas

yam

el trigo

buğda

la soja

soya

la papa

kartof

el maíz

dən

la semilla de colza

raps

el árbol frutal

meyvə ağacı

la mandioca

maniok

los cereales

yarma

la casa
ev

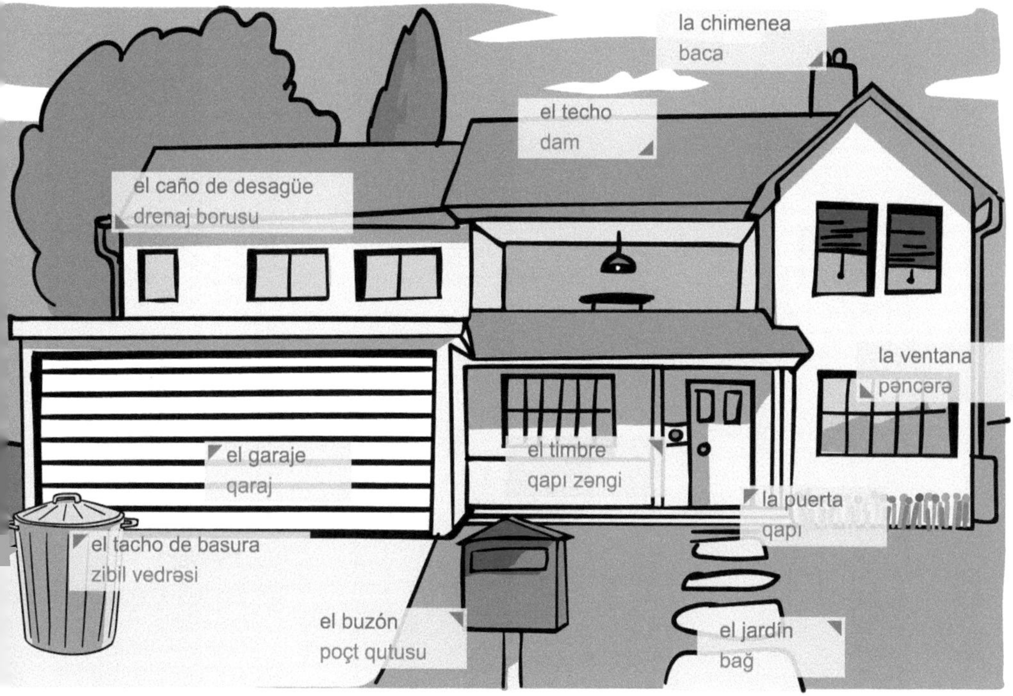
la chimenea
baca
el techo
dam
el caño de desagüe
drenaj borusu
la ventana
pəncərə
el garaje
qaraj
el timbre
qapı zəngi
la puerta
qapı
el tacho de basura
zibil vedrəsi
el buzón
poçt qutusu
el jardín
bağ

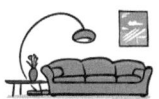

el living
qonaq otağı

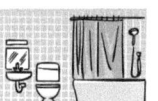

el baño
hamam otağı

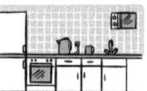

la cocina
mətbəx

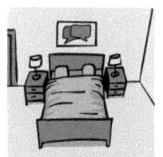

el dormitorio
yataq otağı

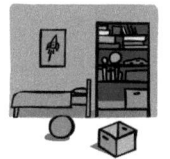

el cuarto de los chicos
uşaq otaqı

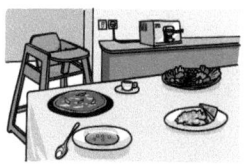

el comedor
yemək otağı

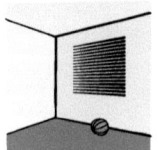

el piso

döşəmə

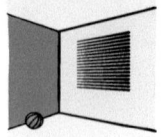

la pared

divar

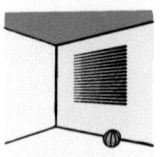

el cielorraso

tavan

el sótano

zirzəmi

el sauna

sauna

el balcón

balkon

la terraza

terras

la pileta

üzgüçülük hovuzu

la cortadora de pasto

otbiçən maşın

la sábana

mələfə

el acolchado

yataq örtüyü

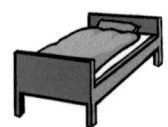

la cama

yataq

la escoba

süpürgə

el balde

vedrə

el interruptor

elektrik açarı

el living
qonaq otağı

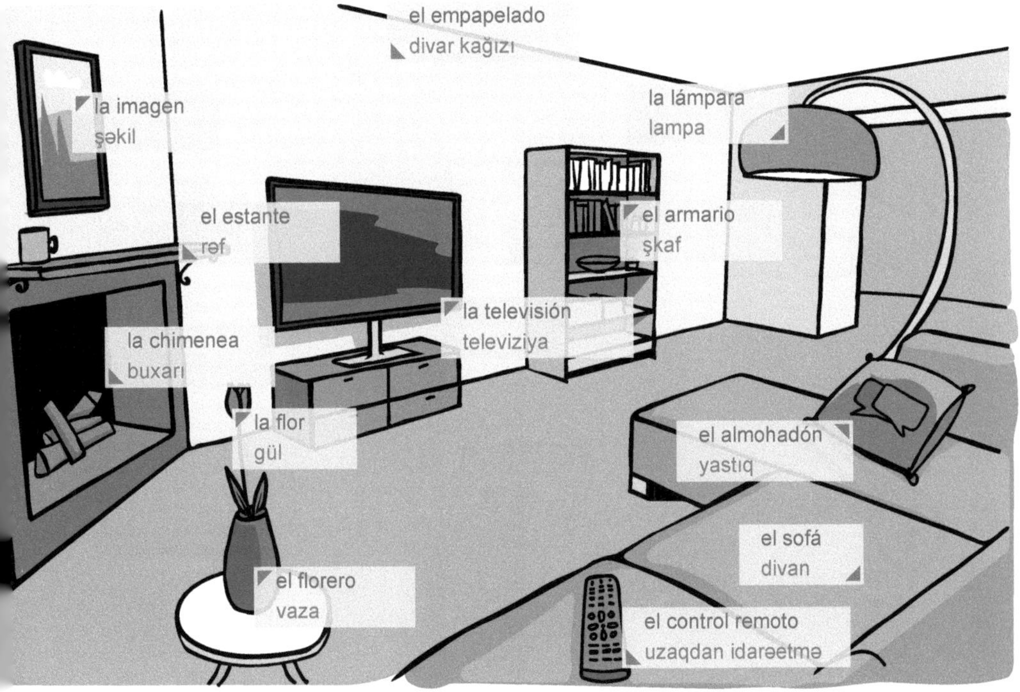
el empapelado
divar kağızı
la imagen
şəkil
la lámpara
lampa
el estante
rəf
el armario
şkaf
la televisión
televiziya
la chimenea
buxarı
la flor
gül
el almohadón
yastıq
el sofá
divan
el florero
vaza
el control remoto
uzaqdan idarəetmə

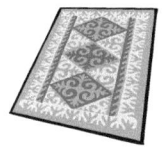

la alfombra

xalça

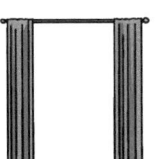

la cortina

pərdə

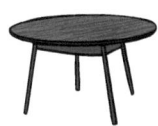

la mesa

masa

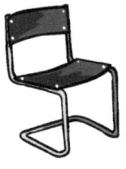

la silla

kreslo

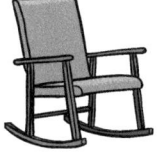

la mecedora

yırğalanan stul

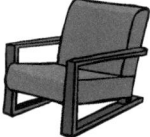

el sillón

kreslo

el libro

kitab

la frazada

yorğan

la decoración

bəzək

la leña

odun

la película

film

el equipo de música

stereo səs sistemi

la llave

açar

el diario

qəzet

la pintura

rəsm əsəri

el póster

plakat

la radio

radio

el cuaderno

bloknot

la aspiradora

tozsoran

el cactus

kaktus

la vela

şam

la cocina
mətbəx

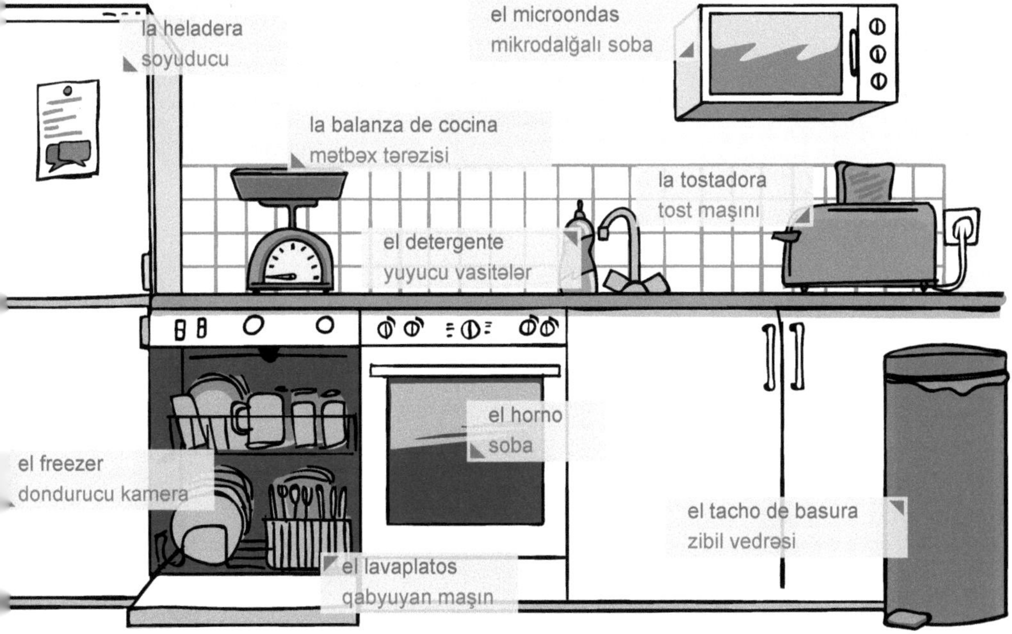
la heladera
soyuducu
el microondas
mikrodalğalı soba
la balanza de cocina
mətbəx tərəzisi
la tostadora
tost maşını
el detergente
yuyucu vasitələr
el horno
soba
el freezer
dondurucu kamera
el tacho de basura
zibil vedrəsi
el lavaplatos
qabyuyan maşın

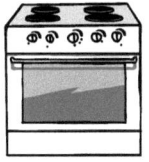

la cocina
....
soba

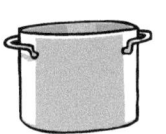

la olla
....
qazan

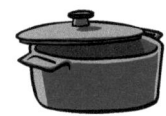

la olla de hierro fundido
....
çuqun qazan

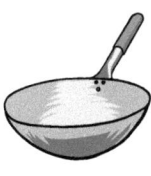

el wok
....
vok / kadai

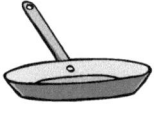

la sartén
....
tava

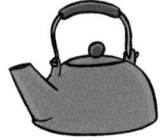

la pava
....
çaydan

la vaporera

buxar qazanı

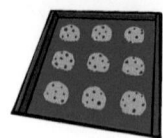

la bandeja de horno

sac

la vajilla

qab

la taza

fincan

el bol

ləyən

los palitos

yemək üçün çubuqlar

el cucharón

çömçə

la espátula

spatula

la batidora

çırpıcı

el colador

süzgəc

el colador

ələk

el rallador

sürtgəc

el mortero

həvəngdəstə

la parrilla

barbekyu

la fogata

ocaq

la tabla de picar

doğrama taxtası

el palo de amasar

oxlov

el sacacorchos

probkaçıxaran

la lata

banka

el abrelatas

bankaağzıaçan

la manopla

qabtutan

la pileta

əl üz yuyan

el cepillo

fırça

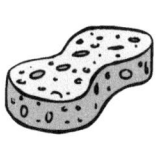

la esponja

süngər

la batidora

blender

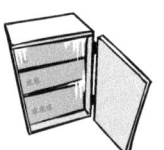

el congelador

dondurucu

la mamadera

körpə şüşəsi

la canilla

kran

el baño

hamam otağı

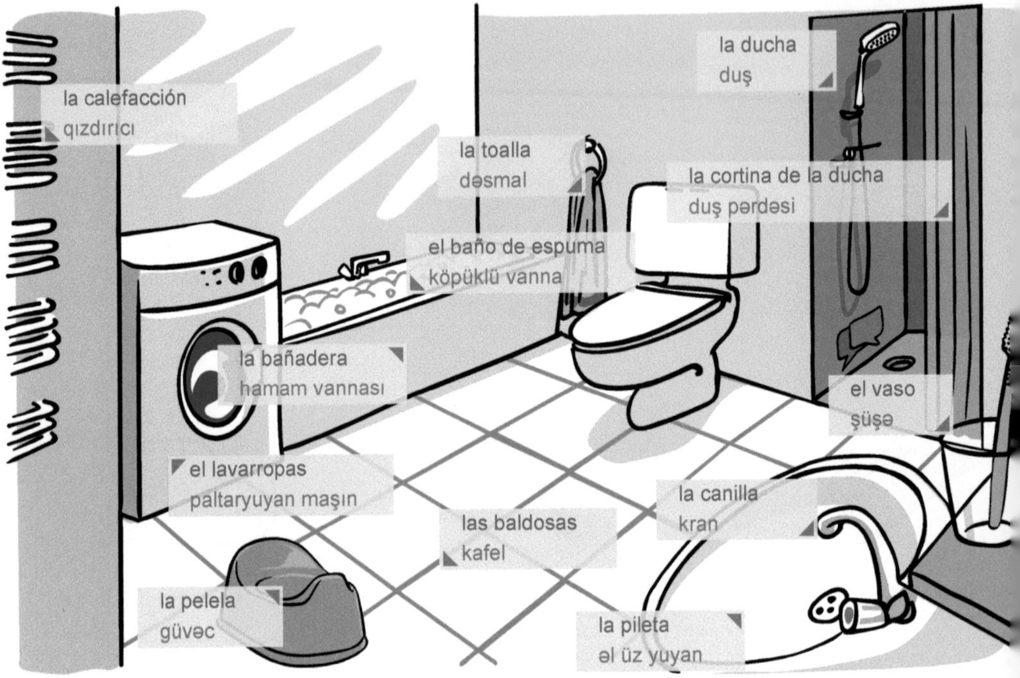

la ducha
duş
la calefacción
qızdırıcı
la toalla
dəsmal
la cortina de la ducha
duş pərdəsi
el baño de espuma
köpüklü vanna
la bañadera
hamam vannası
el vaso
şüşə
el lavarropas
paltaryuyan maşın
la canilla
kran
las baldosas
kafel
la pelela
güvəc
la pileta
əl üz yuyan

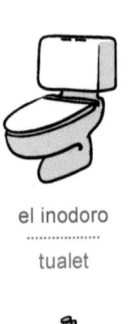

el inodoro

tualet

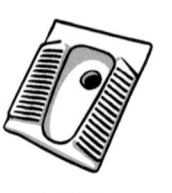

la letrina

çömbəlmə tualet

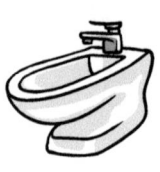

el bidé

bide

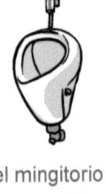

el mingitorio

urinal

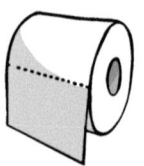

el papel higiénico

tualet kağızı

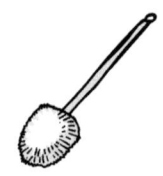

el cepillo para el inodoro

tualet fırçası

el cepillo de dientes

diş fırçası

el dentífrico

diş pastası

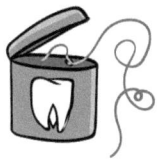

el hilo dental

diş ipi

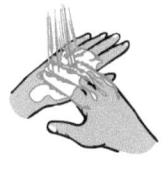

lavar

yumaq

la ducha de mano

əl duşu

la ducha higiénica

intim duş

la palangana

taz

el cepillo para la espalda

bel fırçası

el jabón

sabun

el gel de ducha

duş üçün gel

el shampoo

şampun

la toallita

əsgi

el desagüe

drenaj

la crema

krem

el desodorante

dezodorant

el espejo

güzgü

el espejito

əl güzgüsü

la maquinita de afeitar

ülgüc

la espuma de afeitar

üz qırxmaq üçün köpük

el aftershave

təraşdan sonra su

el peine

daraq

el cepillo

fırça

el secador de pelo

fen

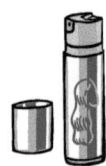

el spray

saç spreyi

el maquillaje

makiyaj

el lápiz de labios

dodaq boyası

el esmalte para uñas

dırnaq lakı

el algodón

pambıq

la tijera para uñas

dırnaq qayçısı

el perfume

ətir

el portacosméticos

gigiyenik torba

la banqueta

kətil

la balanza

tərəzi

la bata

hamam xalatı

los guantes de goma

rezin əlcək

el tampón

tampon

la toallita femenina

gigiyenik salfet

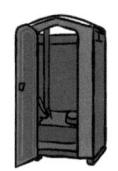

el baño químico

kimyəvi tualet

el cuarto de los chicos
uşaq otaqı

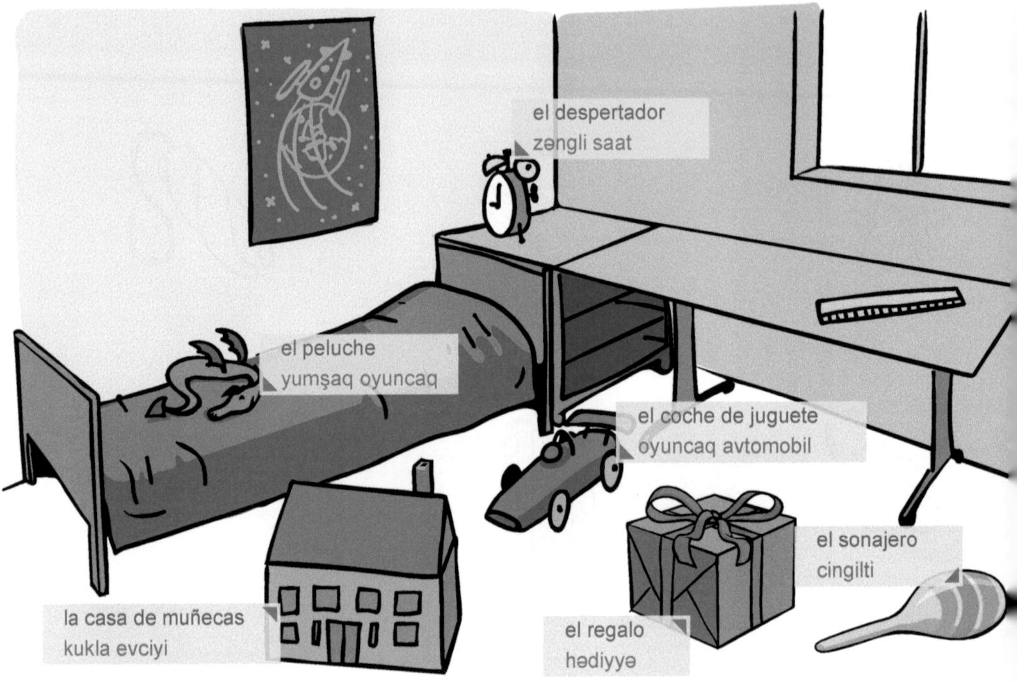
el despertador
zəngli saat
el peluche
yumşaq oyuncaq
el coche de juguete
oyuncaq avtomobil
el sonajero
cingilti
la casa de muñecas
kukla evciyi
el regalo
hədiyyə

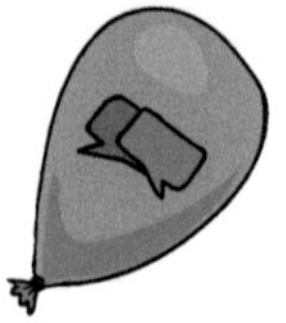

el globo

balon

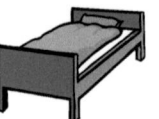

la cama

yataq

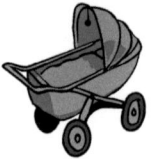

el cochecito

uşaq arabası

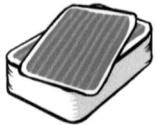

las cartas

kart dəsti

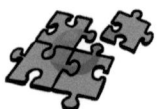

el rompecabezas

elektrik mişarı

SUPER
MEGA
la historieta

komik

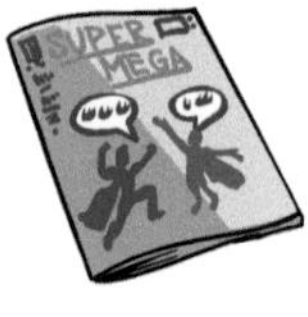

las piezas de lego	los ladrillos de juguete	la figura de acción
leqo kərpici	konstruktor blokları	oyuncaq-personaj

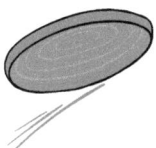

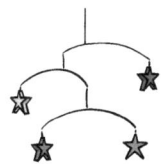

el enterito (de bebé)	el frisbee	el móvil para bebés
yeni doğulmuş körpələr üçün geyimi	frisbi	yataq üstünə asılan körpə oyuncağı

el juego de mesa	los dados	el tren eléctrico
masaüstü oyun	zər	oyuncaq qatar

el chupete	la fiesta	el libro de cuentos ilustrado
emzik	qonaqlıq	rəsmli kitab

la pelota	la muñeca	jugar
top	kukla	oynamaq

el arenero

qum qutusu

la hamaca

yelləncək

los juguetes

oyuncaqlar

la consola de videojuegos

video oyun konsolu

el triciclo

üç təkərli velosiped

el osito de peluche

plüşdən hazırlanmış
oyuncaq ayı

el armario

şkaf

la ropa

geyim

las medias

corab

las medias panty

corab

las calzas

kalqotka

la bufanda
kaşne

el paraguas
çətir

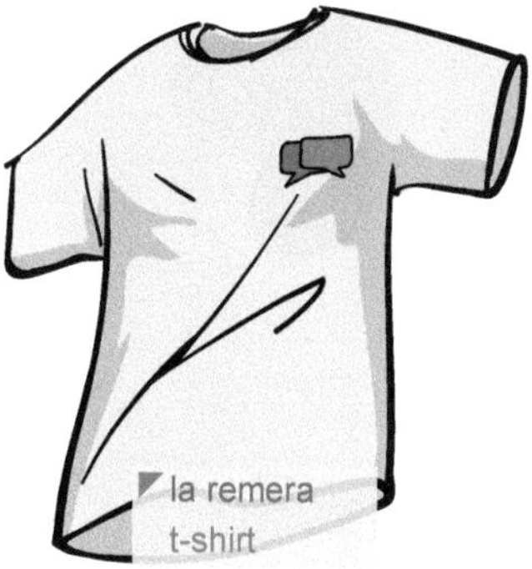

la remera
t-shirt

el cinturón
kəmər

las botas
çəkmə

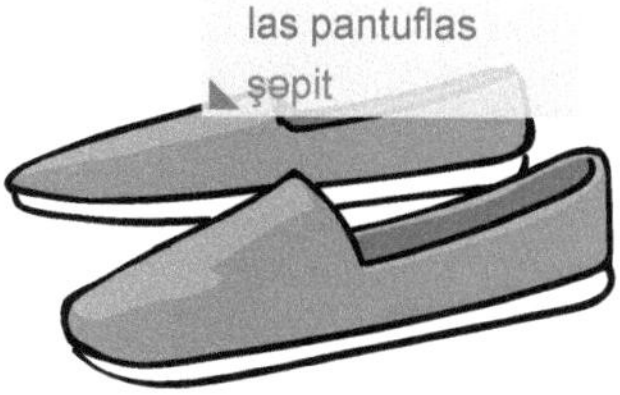

las pantuflas
şəpit

las zapatillas
idman ayaqqabısı

las sandalias
....
sandallar

los zapatos
....
ayaqqabı

las botas de goma
....
rezin çəkmələr

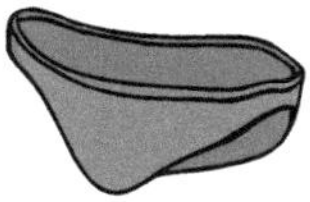

la ropa interior
....
dizlik

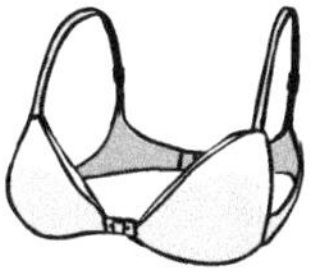

el corpiño
....
lifçik

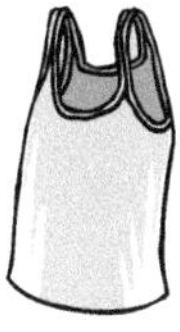

el chaleco
....
alt köynəyi

el body

alt paltarı

los pantalones

şalvar

los jeans

cins

la pollera

yubka

la blusa

bluza

la camisa

köynək

el pulóver

sviter

el buzo

başlıqlı idman gödəkçəsi

el blazer

gödəkçə

la campera

gödəkcə

el tapado

pencək

el piloto

plaş

el traje

kostyum

el vestido

paltar

el vestido de novia

gəlin paltarı

el traje

kostyum

el camisón

gecə köynəyi

el pijama

pijama

el sari

sari

el pañuelo para la cabeza

hicab / eşarp

el turbante

çalma

la burka

burka

el caftán

kaftan

la abaya

abaya

el traje de baño

çimərlik geyimi

el short de baño

tumuş

los shorts

şort

el jogging

məşq kostyumu

el delantal

önlük

los guantes

əlcək

la ropa - geyim

el botón

düymə

los anteojos

eynək

la pulsera

bilərzik

el collar

boyunbağı

el anillo

üzük

el aro

sırğa

la gorra

papaq

la percha

asılqan

el sombrero

papaq

la corbata

qalstuk

el cierre

zəncirbənd

el casco

dəbilqə

los tiradores

aşırma

el uniforme escolar

məktəb uniforması

el uniforme

uniforma

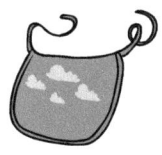

el babero

döşlük

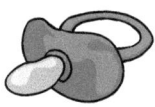

el chupete

emzik

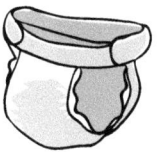

el pañal

körpə bezi

la oficina
ofis

el servidor
server
el archivero
arxiv şkafı
la impresora
printer
el papel
kağız
el monitor
monitor
el mouse
siçan
el escritorio
iş masası
la carpeta
qovluq
el teclado
klaviatura
el tacho (de basura)
zibil qutusu
la computadora
kompyuter
la silla
stul

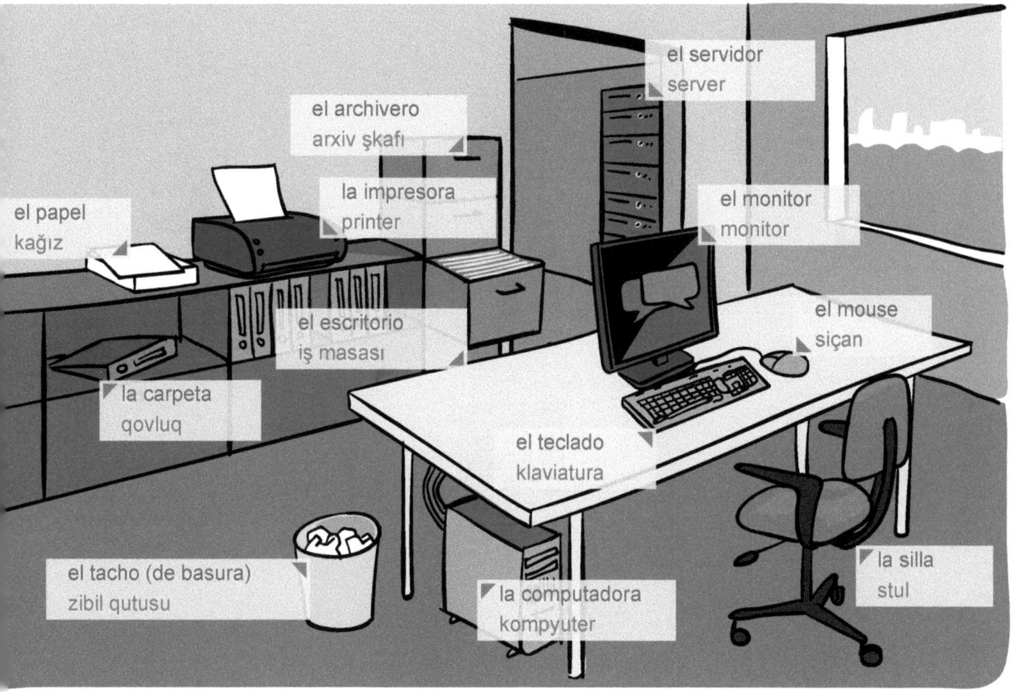

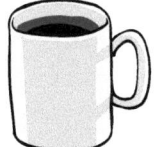

la taza de café

qəhvə fincanı

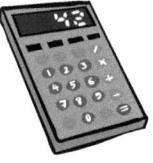

la calculadora

kalkulyator

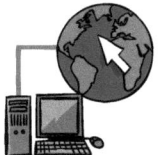

el internet

internet

la laptop

laptop

la carta

məktub

el mensaje

mesaj

el celular

mobil telefon

la red

şəbəkə

la fotocopiadora

surətçıxaran maşın

el software

proqram təminatı

el teléfono

telefon

el tomacorriente

ştepsel

el fax

faks

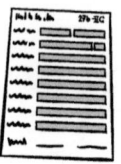

el formulario

forma

el documento

sənəd

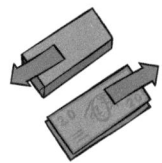

comprar

satın almaq

pagar

ödəmək

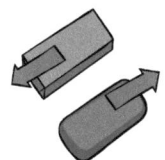

hacer negocios

alverlə məşğul olmaq

el dinero

pul

el dólar

dollar

el euro

avro

el yen

yen

el rublo

rubl

el franco suizo

frank

el yuan

renminbi yuan

la rupia

rupi

el cajero automático

bankomat

la casa de cambio

valyuta mübadiləsi
məntəqəsi

el oro

qızıl

la plata

gümüş

el petróleo

neft

la energía

enerji

el precio

qiymət

el contrato

müqavilə

el impuesto

vergi

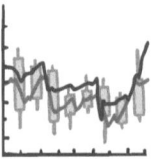

la acción

səhm

trabajar

işləmək

el empleado

işçi

el empleador

işəgötürən

la fábrica

fabrik

el negocio

dükan

el policía
polis əməkdaşı

el bombero
yanğınsöndürən

el cocinero
aşbaz

el médico
həkim

el piloto
pilot

el jardinero

bağban

el carpintero

dülgər

la modista

dərzi

el juez

hakim

el farmacéutico

kimyaçı

el actor

aktyor

el colectivero

avtobus sürücüsü

el taxista

taksi sürücüsü

el pescador

balıqçı

la mucama

xadimə

el techista

dam işçisi

el mozo

ofisiant

el cazador

ovçu

el pintor

rəssam

el panadero

çörəkçi

el electricista

elektrik ustası

el albañil

inşaat işçisi

el ingeniero

mühəndis

el carnicero

qəssab

el plomero

santexnik

el cartero

poçtalyon

el soldado

əsgər

el arquitecto

memar

el cajero

kassir

el florista

gül-çiçək satıcısı

el peluquero

bərbər

el cobrador

konduktor

el mecánico

mexanik

el capitán

kapitan

el dentista

diş həkimi

el científico

alim

el rabino

ravvin

el imán

imam

el monje

rahib

el sacerdote

keşiş

las ocupaciones - peşə

las herramientas

alətlər

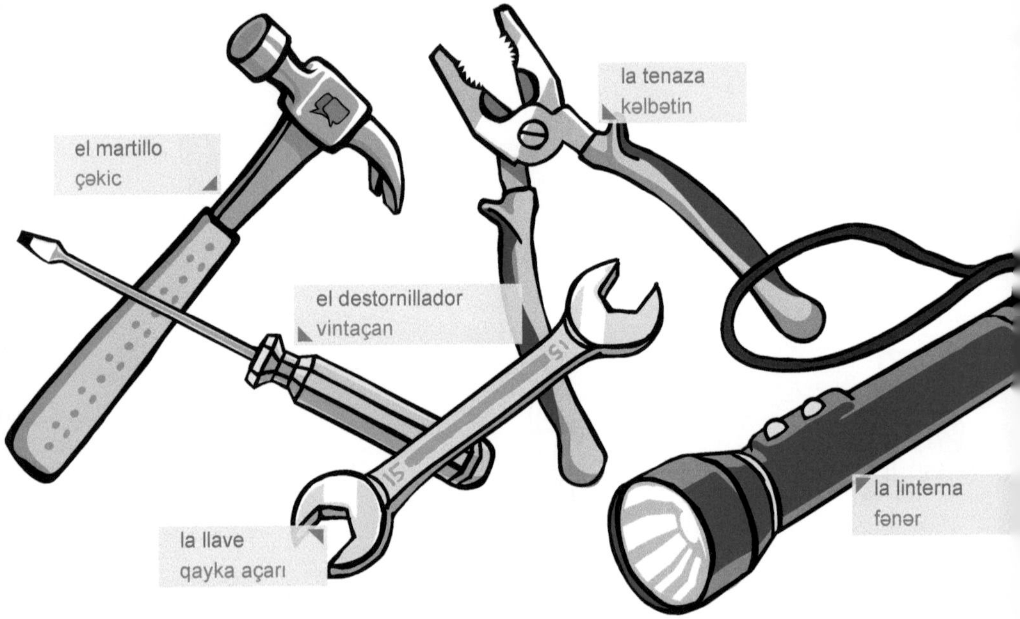

la tenaza
kəlbətin
el martillo
çəkic
el destornillador
vintaçan
la linterna
fənər
la llave
qayka açarı

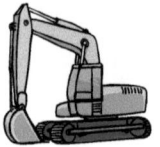

la excavadora

ekskavator

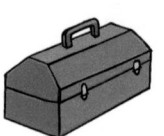

la caja de herramientas

alətlər qutusu

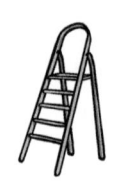

la escalera portátil

nərdivan

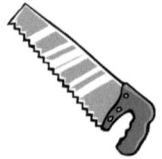

la sierra

mişar

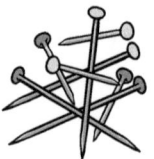

los clavos

dırnaqlar

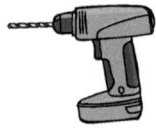

el taladro

drel

arreglar

təmir etmək

la pala de jardín

kürək

¡Qué bronca!

Lənət olsun!

la pala de plástico

xəkəndaz

el tacho de pintura

boya vedrəsi

los tornillos

vintlər

los instrumentos musicales
musiqi alətləri

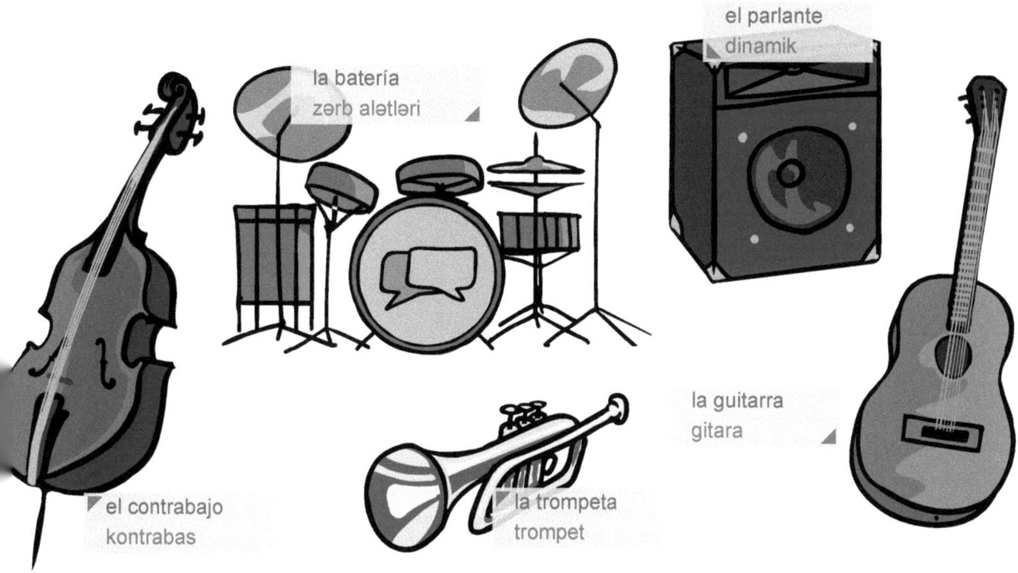

el parlante
dinamik

la batería
zərb alətləri

el contrabajo
kontrabas

la trompeta
trompet

la guitarra
gitara

el piano

fortepiano

el violín

skripka

el bajo

bas

los timbales

timpani

el tambor

nağara

el teclado

sintezator

el saxofón

saksafon

la flauta

fleyta

el micrófono

mikrofon

el zoológico
zoopark

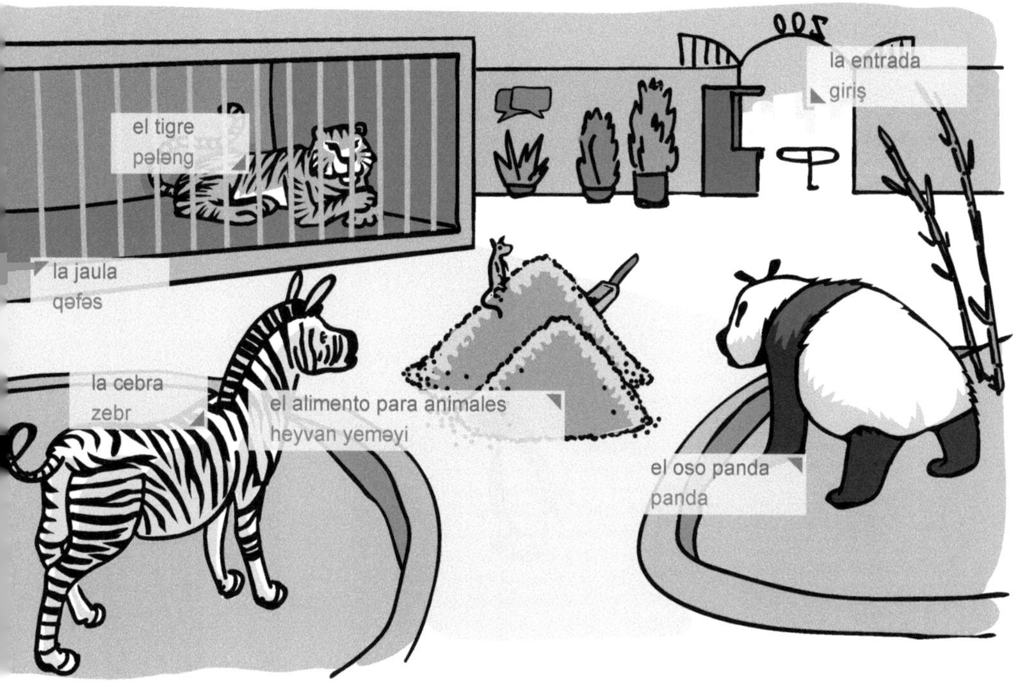
la entrada
giriş
el tigre
pələng
la jaula
qəfəs
la cebra
zebr
el alimento para animales
heyvan yeməyi
el oso panda
panda

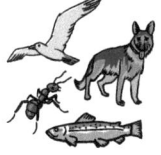

los animales
heyvanlar

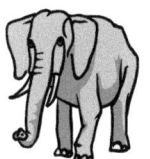

el elefante
fil

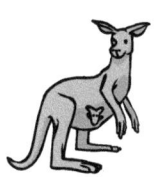

el canguro
kenquru

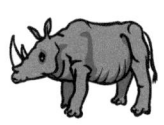

el rinoceronte
kərgədan

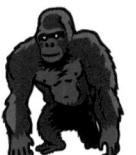

el gorila
qorilla

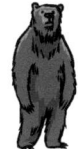

el oso
ayı

el camello

dəvə

el avestruz

dəvəquşu

el león

aslan

el mono

meymun

el flamenco

flamingo

el loro

tutuquşu

el oso polar

qütb ayısı

el pingüino

pinqvin

el tiburón

köpəkbalığı

el pavo real

tovuz

la serpiente

ilan

el cocodrilo

timsah

el cuidador del zoológico

zoopark işçisi

la foca

suiti

el jaguar

yaquar

el poni

poni

el leopardo

bəbir

el hipopótamo

hippopotam

la jirafa

zürafə

el águila

qartal

el jabalí

qaban

el pescado

balıq

la tortuga

tısbağa

la morsa

morj

el zorro

tülkü

la gacela

ceyran

el fútbol americano
amerikan futbolu

el ciclismo
velosiped sürmək

el tenis
tennis

el básquet
basketbol

la natación
üzgüçülük

el boxeo
boks

el hockey sobre hielo
buz xokkeyi

el fútbol
futbol

el bádminton
badminton

el atletismo
yüngül atletika

el handball
həndbol

el esquí
xizək

el polo
polo

las actividades
fəaliyyət

reír
gülmək
saltar
tullanmaq
abrazar
qucaqlaşmaq
caminar
getmək
cantar
oxumaq
soñar
yuxu qörmək
rezar
dua etmək
besar
öpüşmək

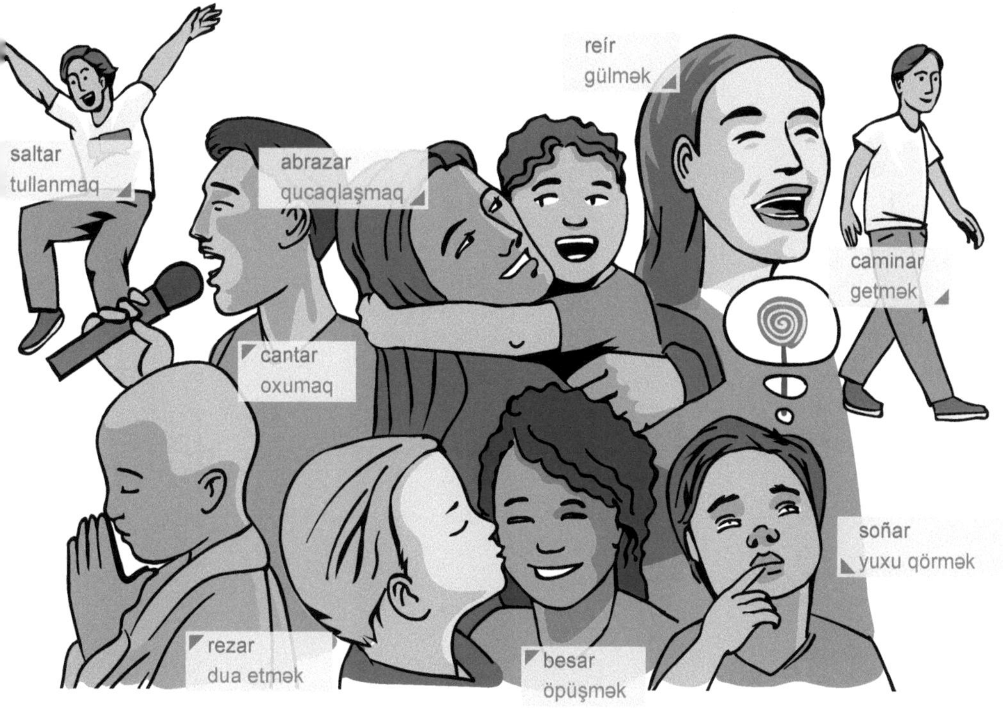

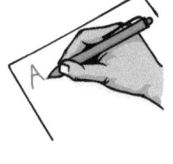

escribir

yazmaq

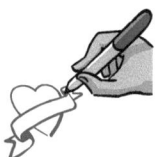

dibujar

çəkmək

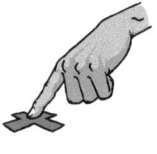

mostrar

göstərmək

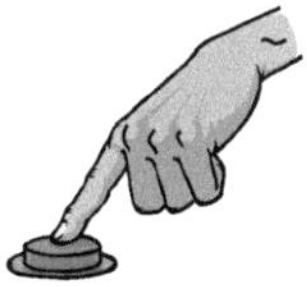

presionar

itələmək

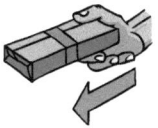

dar

vermək

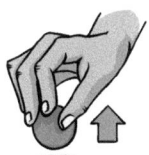

tomar

götürmək

tener

sahibi olmaq

hacer

etmək

ser

olmaq

estar parado

durmaq

correr

qaçmaq

tirar

çəkmək

tirar

atmaq

caer

düşmək

estar acostado

uzanmaq

esperar

gözləmək

llevar

daşımaq

estar sentado

oturmaq

vestirse

geyinmək

dormir

yatmaq

despertar

ayılmaq

mirar

baxmaq

llorar

ağlamaq

acariciar

sığallamaq

peinar

daramaq

hablar

danışmaq

entender

anlamaq

preguntar

soruşmaq

escuchar

dinləmək

beber

içmək

comer

yemək

ordenar

təmizləmək

amar

sevmək

cocinar

bişirmək

manejar

sürmək

volar

uçmaq

navegar

üzmək

calcular

hesablamaq

leer

oxumaq

aprender

öyrənmək

trabajar

işləmək

casarse

evlənmək

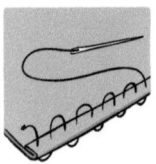

coser

tikmək

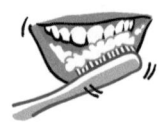

cepillarse los dientes

dişləri təmizləmək

matar

öldürmək

fumar

siqaret çəkmək

enviar

göndərmək

la familia

ailə

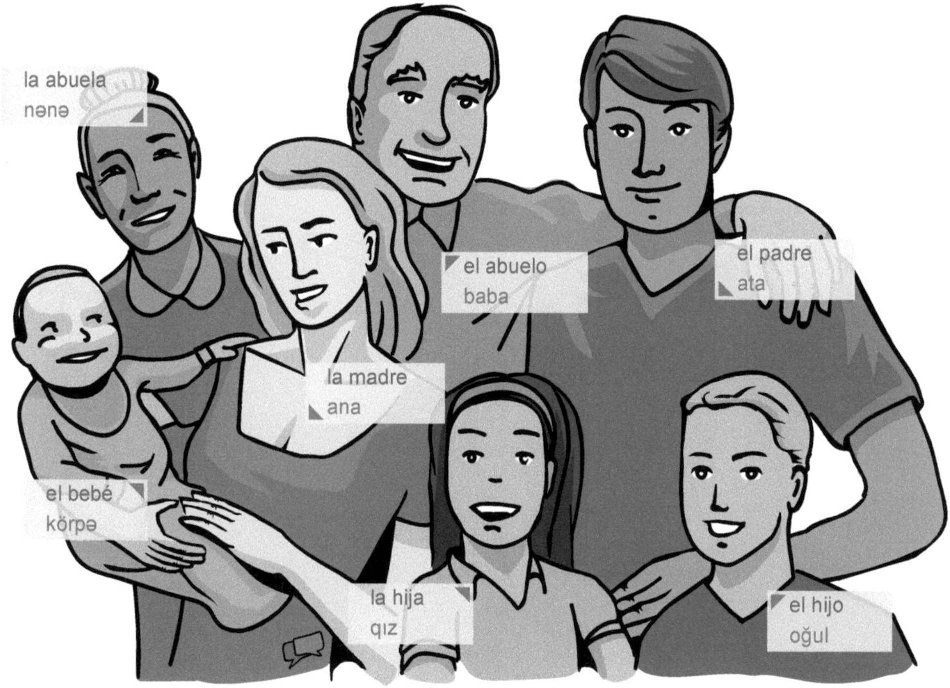
la abuela
nənə
el abuelo
baba
el padre
ata
la madre
ana
el bebé
körpə
la hija
qız
el hijo
oğul

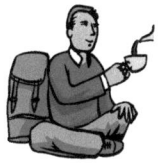

el invitado

qonaq

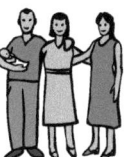

la tía

xala/bibi

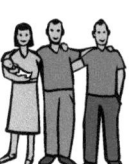

el tío

əmi/dayı

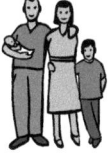

el hermano

qardaş

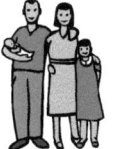

la hermana

bacı

el cuerpo
bədən

la frente
alın
el ojo
göz
el hombro
çiyin
el dedo
barmaq
la cara
üz
la pera
buxaq
la mano
əl
la pierna
ayaq
el pecho
döş
el brazo
qol

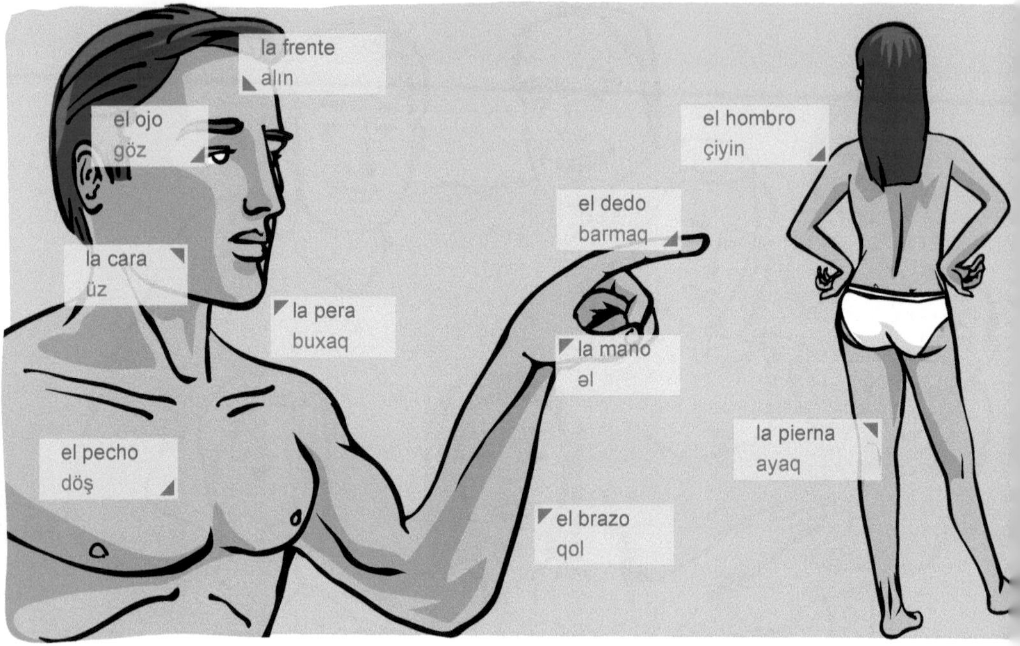

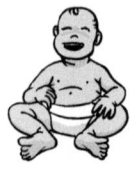

el bebé

körpə

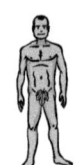

el hombre

kişi

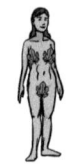

la mujer

qadın

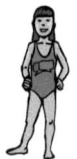

la nena

qız

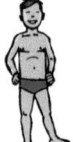

el nene

oğlan

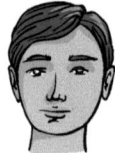

la cabeza

baş

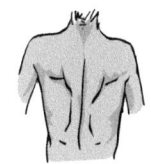

la espalda

bel

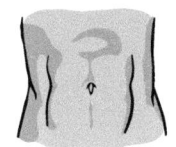

la panza

qarın

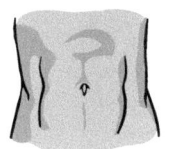

el ombligo

göbək

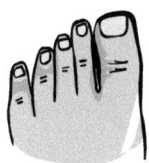

el dedo del pie

ayaq barmağı

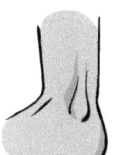

el talón

daban

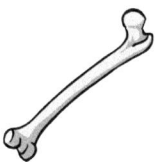

el hueso

sümük

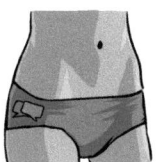

la cadera

bud

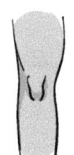

la rodilla

diz

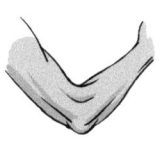

el codo

dirsək

la nariz

burun

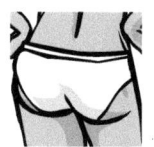

la cola

sağrı

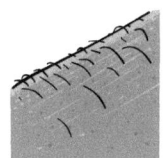

la piel

dəri

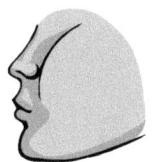

el cachete

yanaq

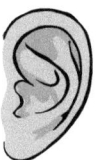

la oreja

qulaq

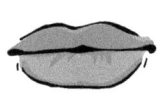

el labio

dodaq

la boca

ağız

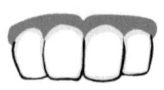

el diente

diş

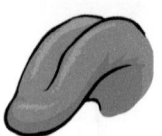

la lengua

dil

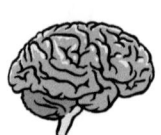

el cerebro

beyin

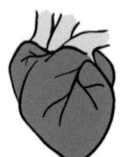

el corazón

ürək

el músculo

əzələ

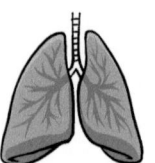

el pulmón

ağciyər

el hígado

qaraciyər

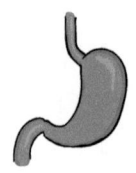

el estómago

mədə

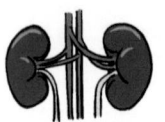

los riñones

böyrəklər

el sexo

cinsi yaxınlıq

el preservativo

kondom

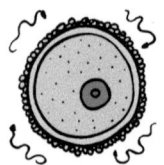

el óvulo

qadın cinsi hüceyrə

el semen

sperma

el embarazo

hamiləlik

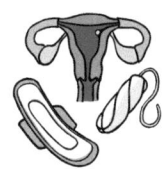

la menstruación

aybaşı

la vagina

vagina

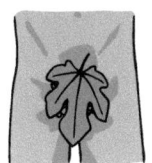

el pene

penis

la ceja

qaş

el pelo

saç

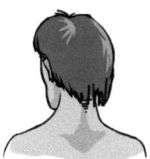

el cuello

boyun

el hospital
xəstəxana

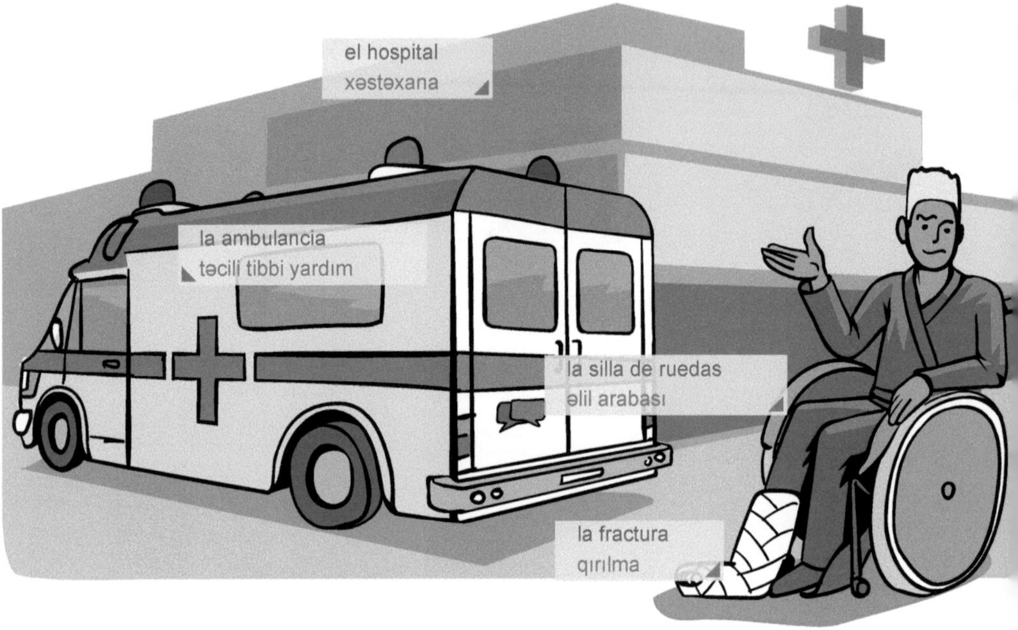

el hospital
xəstəxana
la ambulancia
təcili tibbi yardım
la silla de ruedas
əlil arabası
la fractura
qırılma

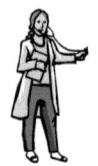

el médico

həkim

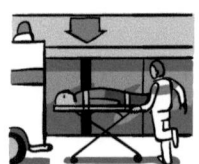

la sala de guardia

reanimasiya şöbəsi

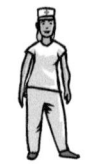

la enfermera

tibb bacısı

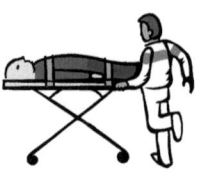

la emergencia

fövqəladə hallar

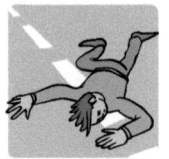

inconsciente

huşunu itirmiş

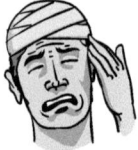

el dolor

ağrı

la lesión
zədə

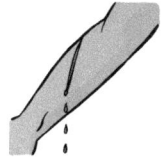

la hemorragia
qanaxma

el infarto
infarkt

el ACV
insult

la alergia
allergiya

la tos
öskürək

la fiebre
qızdırma

la gripe
qrip

la diarrea
ishal

el dolor de cabeza
başağrısı

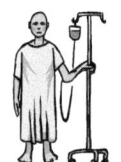

el cáncer
xərçəng

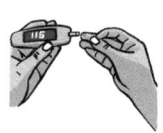

la diabetes
şəkərli diabet

el cirujano
cərrah

el bisturí
neştər

la operación
əməliyyat

la TC

CT

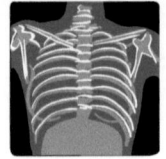

los rayos x

rentgen

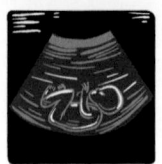

la ecografía

ultrasəs

el barbijo

maska

la enfermedad

xəstəlik

la sala de espera

gözləmə otağı

la muleta

qoltuqağacı

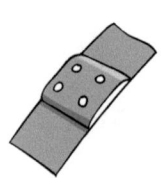

la curita

plaster

la venda

sarğı

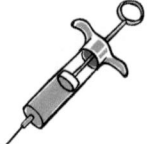

la inyección

inyeksiya

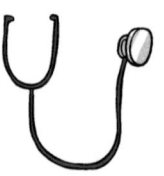

el estetoscopio

steteskop

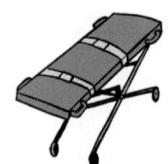

la camilla

xərək

el termómetro

hərarətölçən

el nacimiento

doğum

el sobrepeso

çəki artıqlığı

el audífono

eşitmə aparatı

el desinfectante

dezinfeksiyaedici

la infección

infeksiya

el virus

virus

el VIH / SIDA

QİÇS

el remedio

tibb

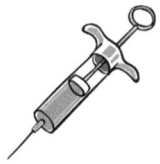

la vacunación

peyvənd

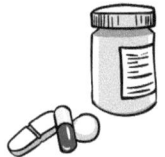

los comprimidos

həblər

la pastilla anticonceptiva

həb

llamada de emergencia

təcili zəng

el tensiómetro

qan təzyiqini ölçmək üçün cihaz

enfermo / sano

xəstə / sağlam

¡Ayuda!

Kömək edin!

la alarma

həyəcan siqnalı

la agresión

basqın

el ataque

hücum

el peligro

təhlükə

la salida de emergencia

ehtiyat çıxışı

¡Fuego!

Yanğın!

el matafuego

odsöndürən

el accidente

qəza

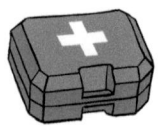

el botiquín de primeros auxilios

ilkin yardım qutus

el SOS

SOS

la policía

polis

Europa

Avropa

América del Norte

Şimali Amerika

América del Sur

Cənubi Amerika

África

Afrika

Asia

Asiya

Australia

Avstraliya

el Atlántico

Atlantik

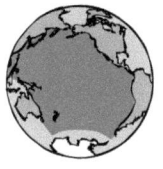

el Pacífico

Sakit Okean

el Océano Índico

Hind okeanı

el Océano Antártico

Antarktika Okeanı

el Océano Ártico

Şimal Buzlu okeanı

el polo norte

Şimal qütbü

el polo sur

Cənub qütbü

la Antártida

Antarktika

la Tierra

Yer kürəsi

la tierra

ölkə

el mar

dəniz

la isla

ada

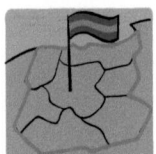

la nación

millət

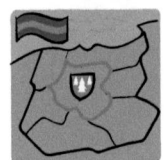

el estado

dövlət

la esfera

siferblat

la manecilla de las horas

saat əqrəbi

el minutero

dəqiqə əqrəbi

el segundero

saniyə əqrəbi

¿Qué hora es?

Saat neçədir?

el día

gün

la hora

vaxt

ahora

indi

el reloj digital

rəqəmsal saat

el minuto

dəqiqə

la hora

saat

la semana
həftə

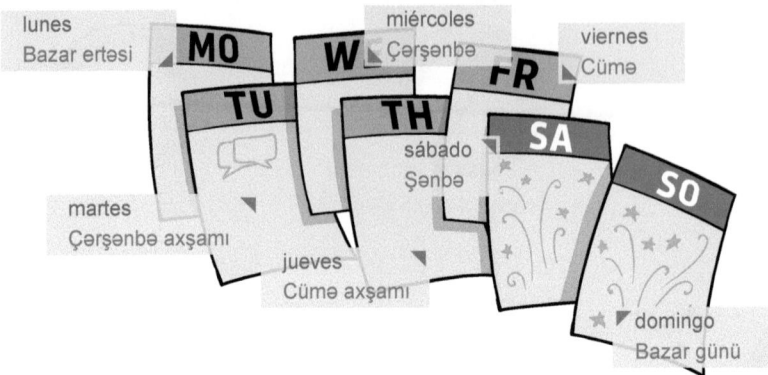

lunes
Bazar ertəsi

miércoles
Çərşənbə

viernes
Cümə

martes
Çərşənbə axşamı

jueves
Cümə axşamı

sábado
Şənbə

domingo
Bazar günü

ayer

dünən

hoy

bugün

mañana

sabah

la mañana

səhər

el mediodía

günorta

la tarde

axşam

los días hábiles

iş günü

el fin de semana

həftə sonu

el año

il

la lluvia
yağış
el arco iris
göy qurşağı
la nieve
qar
el viento
külək
la primavera
yaz
el otoño
payız
el verano
yay
el invierno
qış

4.APRIL 11°
5.APRIL 4°
6.APRIL 13°
7.APRIL 8°
8.APRIL 10°

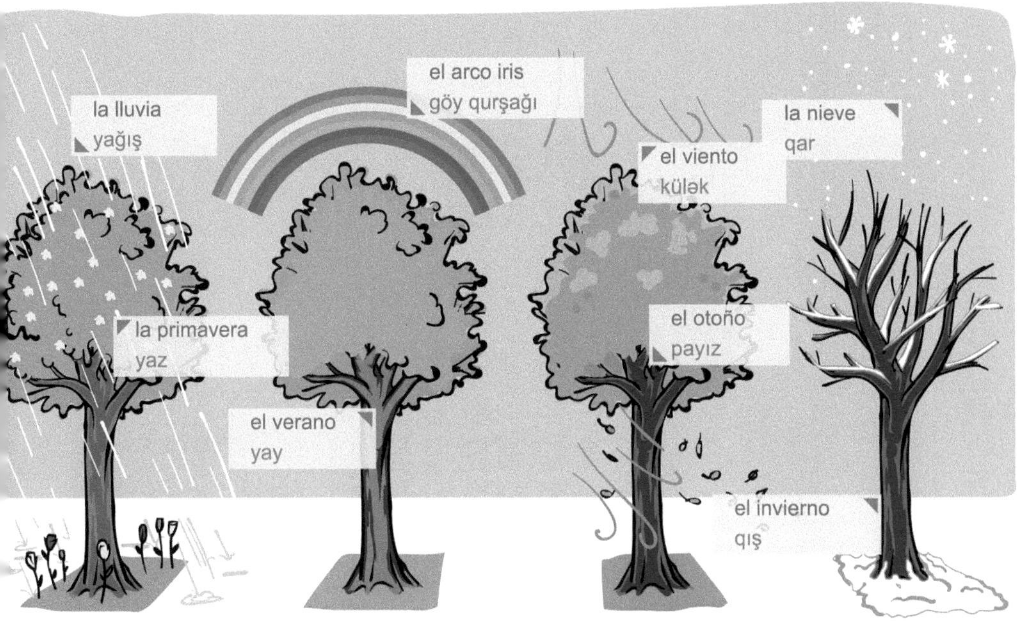

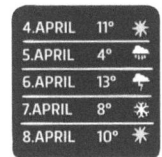

pronóstico meteorológico

hava proqnozu

F C
120 90 60 30 0 -30
40 30 20 10 0 -10 -20

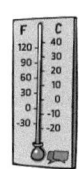

el termómetro

termometr

la luz del sol

günəş işığı

la nube

bulud

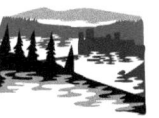

la niebla

duman

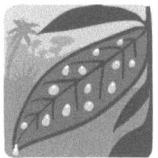

la humedad

rütubət

el rayo
ildırım

el trueno
göy gurultusu

la tormenta
fırtına

el granizo
dolu

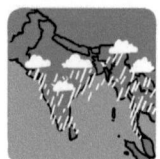

el monzón
musson

la inundación
daşqın

el hielo
buz

enero
yanvar

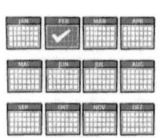

febrero
fevral

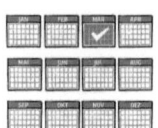

marzo
mart

abril
aprel

mayo
may

junio
iyun

julio
iyul

agosto
avqust

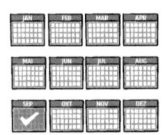

septiembre
....
sentyabr

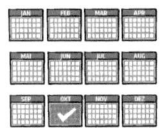

octubre
....
oktyabr

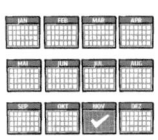

noviembre
....
noyabr

diciembre
....
dekabr

las formas
formalar

el círculo
....
dairə

el cuadrado
....
kvadrat

el rectángulo
....
düzbucaqlı

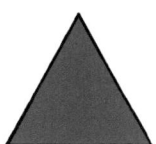

el triángulo
....
üçbucaq

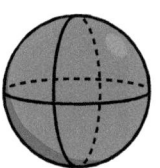

la esfera
....
kürə

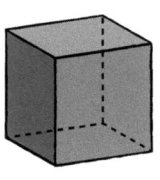

el cubo
....
kub

blanco

ağ

amarillo

sarı

naranja

narıncı

rosa

çəhrayı

rojo

qırmızı

violeta

bənövşəyi

azul

mavi

verde

yaşıl

marrón

palıdı

gris

boz

negro

qara

mucho / poco

çox / az

enojado / tranquilo

qeyzli / sakit

lindo / feo

yaraşıqlı / eybəcər

el principio / el fin

başlanğıc / son

grande / chico

böyük / kiçik

claro / oscuro

işıqlı / qaranlıq

el hermano / la hermana

qardaş / bacı

limpio / sucio

təmiz / kirli

completo / incompleto

tam / natamam

el día / la noche

gündüz / gecə

muerto / vivo

ölü / diri

ancho / angosto

geniş / dar

comestible / no comestible

yemeli / yeyilməyən

malo / amable

hirsli / mehriban

entusiasmado / aburrido

həyəcanlı / bezmiş

gordo / flaco

kök / arıq

primero / último

ilk / son

el amigo / el enemigo

dost / düşmən

lleno / vacío

dolu / boş

duro / blando

sərt / yumşaq

pesado / liviano

ağır / yüngül

el hambre / la sed

aclıq / susuzluq

enfermo / sano

xəstə / sağlam

ilegal / legal

qanunsuz / qanuni

inteligente / estúpido

ağıllı / axmaq

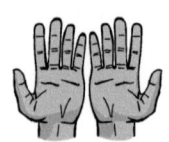

izquierda / derecha

sol / sağ

cerca / lejos

yaxın / uzaq

los opuestos - əksinə

nuevo / usado

yeni / istifadə edilmiş

nada / algo

heç bir şey / bir şey

viejo / joven

qoca / gənc

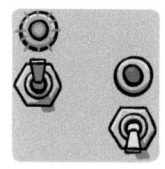

encendido / apagado

açma / bağlama

abierto / cerrado

açıq / bağlı

silencioso / ruidoso

sakit/ bərk

rico / pobre

varlı / kasıb

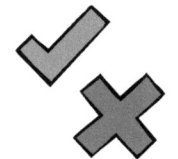

correcto / incorrecto

düzgün / səhv

áspero / suave

kobud / hamar

triste / contento

kədərli / xoşbəxt

corto / largo

qısa / uzun

lento / rápido

yavaş / sürətli

mojado / seco

yaş / quru

caliente / frío

isti / sərin

guerra / paz

müharibə / sülh

los opuestos - əksinə

0

cero

sıfır

1

uno

bir

2

dos

iki

3

tres

üç

4

cuatro

dörd

5

cinco

beş

6

seis

altı

7

siete

yeddi

8

ocho

səkkiz

9

nueve

doqquz

10

diez

on

11

once

on bir

12

doce

on iki

13

trece

on üç

14

catorce

on dörd

15

quince

on beş

16

dieciséis

on altı

17

diecisiete

on yeddi

18

dieciocho

on səkkiz

19

diecinueve

on doqquz

20

veinte

iyirmi

100

cien

yüz

1.000

mil

min

1.000.000

el millón

milyon

el inglés

İngilis dili

el inglés americano

İngilis dilinin amerikan
variantı

el chino mandarín

Çin dilinin Mandarin dialekti

el hindi

Hind dili

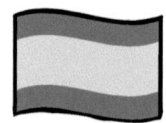

el español

İspan dili

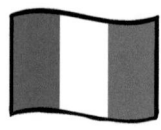

el francés

Fransız dili

el árabe

Ərəb dili

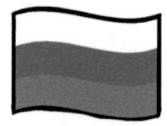

el ruso

Rus dili

el portugués

Portuqal dili

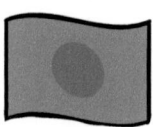

el bengalí

Benqal dili

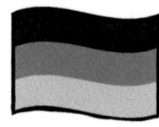

el alemán

Alman dili

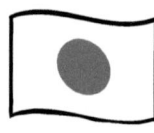

el japonés

Yapon dili

yo

mən

vos

sən

él / ella

o / o / o

nosotros

biz

ustedes

siz

ellos

onlar

¿quién?

kim?

¿qué?

nə?

¿cómo?

necə?

¿dónde?

harada?

¿cuándo?

nə zaman?

el nombre

ad

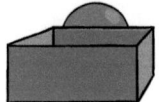

detrás

arxadan

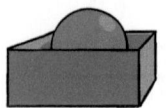

en

içində

adelante de

qarşısında

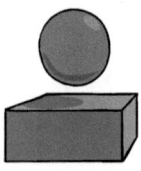

por encima de

üzərində

sobre

dair

debajo de

altında

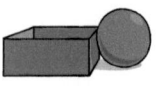

al lado de

yanaşı

entre

arasında

el lugar

yer